AUX ÉLÈVES DE SAINT-CHARLES.

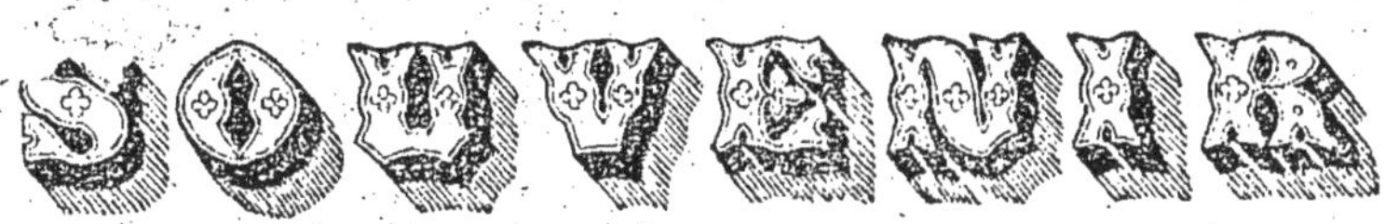

SOUVENIR

DE

SALLANDRE, ARSÈNE,

Par M. l'abbé **VINÇENT**,

Supérieur de l'Institution Saint-Charles, de Chauny.

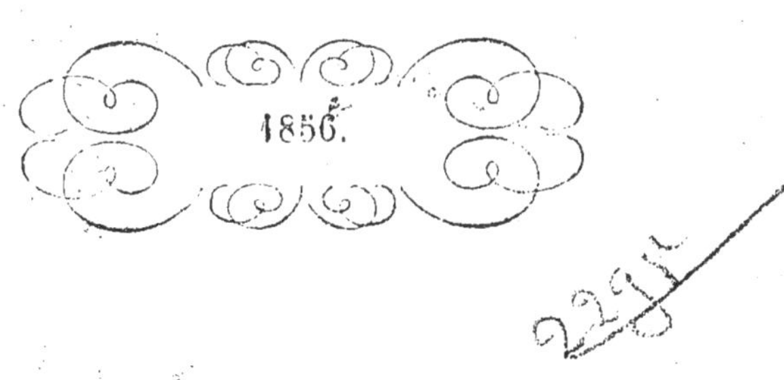

1856.

CHAUNY.

Imprimerie et Lithographie B. GUILLAUME, rue du Pont-Royal, 48.

AUX ÉLÈVES DE SAINT-CHARLES,

SOUVENIR

De leur ancien condisciple

ARSÈNE SALLANDRE

Par M. l'abbé **VINCENT**,
Supérieur de l'Institution SAINT-CHARLES *de Chauny*.

CHAUNY.
Imprimerie de B. GUILLAUME, rue du Pont-Royal, 48
1856

Aux Elèves de Saint-Charles.

SOUVENIR

de

LEUR ANCIEN CONDISCIPLE

ARSÈNE SALLANDRE.

I.

Une statue est cachée dans le bloc de marbre..... La figure est dans la pierre..... le sculpteur seul la trouve. L'éducation est, pour l'âme humaine, ce que la sculpture est pour le bloc de marbre.

Trad. de l'anglais de J. A.

Je consacre, aujourd'hui, quelques pages à la mémoire d'un enfant bien-aimé. Ce n'est pas seulement un souvenir d'affection que je veux épancher dans ce pieux travail; ce n'est pas seulement, non plus, une consolation que je prépare à une famille qui pleure sur une tombe prématurément ouverte : ceux qui ne sont plus doivent encore une leçon à ceux qui survivent.

Il est des morts qui ne nous disent que les horreurs du trépas, le néant des choses humaines, le triste naufrage de toutes les vanités terrestres : heureux celui qui meurt et dont le nom élève vers le ciel nos yeux et nos pensées! Ne comptez point le nombre de ses années, il aura toujours assez vécu.

C'est aux Élèves dont la providence nous a confié le soin, que ces pages appartiennent. Ils y trouveront sur celui qui fut le compagnon de leurs plus belles années, quelques souvenirs déjà vivants dans leurs cœurs. Je veux surtout qu'ils y trouvent d'utiles leçons, que la mémoire de leur ami rendra pour eux plus persuasives.

La parole, en effet, agit avec puissance sur l'homme; mais l'exemple est plus efficace encore. Enfants, Jeunes hommes, nous vous devons l'enseignement de la parole; et bien avant les lettres, les sciences et les arts nous avons toujours placé, vous le savez, les préceptes de la vertu et de la vie chrétienne.

Cependant, lorsque nous nous efforçons d'appeler la persuasion sur nos lèvres, et de verser dans vos âmes nos plus ardentes convictions, nous n'ignorons pas qu'il est pour vous un langage plus éloquent encore. Nous savons que l'action vous séduit et vous entraîne : par une heureuse influence, vous devenez mutuellement vos guides et vos soutiens. Aussi notre cœur se repose-t-il avec une douce joie, en contemplant ceux d'entre vous dont la vie plus irréprochable devient, pour tous, un suave parfum qui les attire vers le bien.

Tel est le bienfait d'une éducation qui réunit dans la même enceinte et assujétit aux mêmes travaux un grand nombre d'élèves. Une généreuse émulation les excite ; le bon exemple des plus courageux devient la force des plus faibles ; et dans ce corps nouveau qui vit d'une commune existence, on sent couler à flots une noble ardeur, sève de toutes les vertus. C'est donc beaucoup pour le maître d'avoir produit du trésor de son âme un salutaire enseignement : c'est mille fois plus encore que sa parole se grave dans le cœur d'un seul de ses élèves, dont la conduite en reflétera tout l'éclat.

Quel bonheur a été le nôtre, chaque fois que nous avons trouvé au milieu de nos enfants quelques âmes d'élite ! De quel amour nous entourons ces jeunes cœurs, pleins de candeur et d'innocence, si dociles aux leçons de la vertu; ces jeunes élèves déjà si fermes, si noblement fiers dans les voies rudes de la vie chrétienne. Enfants, vous êtes notre plus douce joie; vous êtes les coopérateurs de notre apostolat; vous êtes le levain qui fait fermenter et soulève toute la masse. Serrez vos rangs près de nous et que chaque jour voie s'étendre vos conquêtes, qui sont les nôtres.

Serrez vos rangs, car la lutte est difficile, et la victoire coûteuse. S'il est des âmes qui sortent des mains de leur créateur, riches des dons les plus précieux, combien en est-il, aussi, de moins heureusement douées. Que de dissemblances, parmi vous, dans les inclinations, les goûts, les attraits, les passions! Dans les uns, penchant et facilité pour la vertu; dans les autres, pente redoutable vers les défauts et les vices. La variété prodigieuse des traits extérieurs peut seule offrir une image de cette immense diversité intellectuelle et morale.

Toutefois, il n'en est pas des dispositions originaires comme des dehors matériels. Ceux-ci ne seront jamais modifiés par la volonté, que légèrement et à grand' peine : l'âge les développera sans nous, et, peut-être, malgré nous, c'est-à-dire, en dépit de toutes les ressources de l'art et de tous les artifices de la vanité ; en tous cas, les efforts de l'homme ne peuvent qu'aider faiblement le travail de la nature. Mais, au contraire, l'enfant le plus heureusement né, le plus magnifiquement doté, n'a reçu encore que le germe de ces brillantes qualités. Il est réellement la statue, déjà vivante aux yeux de l'artiste ; mais renfermée encore dans l'enveloppe de pierre, dont la pensée seule la dégage à l'avance. Qu'importe donc la pureté du marbre, la finesse et la blancheur de son grain, si le ciseau du sculpteur ne vient délivrer peu-à-peu des entraves qui l'enlacent, la figure du héros ou l'image de la divinité fabuleuse, captive sous un bloc informe.

Mais le marbre appartient au statuaire, il en fera jaillir, à son gré, les diverses conceptions de son génie. Ainsi en est-il de l'éducation pour l'enfant. Sans l'éducation le meilleur naturel restera enseveli en lui-même : sous une direction vicieuse il se perdra, moins vite peut-être, ou moins profondément ; mais il ne lui restera d'autre avantage qu'une moindre perversité. L'éducation, au contraire, peut réformer insensiblement les plus tristes caractères; les passions, même enracinées déjà, céderont peu-à-peu et se transformeront : car, en l'homme toute vertu correspond à un défaut, comme tout défaut, pour ainsi dire, peut devenir l'occasion d'une vertu.

Mais l'éducation, dans ce sens, c'est toute chose dont l'action rejaillit sur l'enfant, c'est l'influence première du lait maternel; c'est l'atmosphère du foyer domestique ; c'est le contact de toute pensée, de toute parole humaine; c'est tout exemple donné; c'est le milieu dans lequel se fait le développement des forces physiques, des forces intellectuelles et des forces morales. L'éducation, c'est l'enseignement à tous ses degrés, depuis le chaud baiser de la mère, qui instruit en caressant ; depuis la parole douce et grave du père, jusqu'aux plus hautes leçons de la sagesse humaine et de la sagesse divine. L'éducation, c'est l'influence de la famille, l'influence du précepteur ; l'influence de la société et de la nationalité ; l'influence de l'époque et du siècle; l'influence domestique, l'influence civile, l'influence religieuse.

Oui, l'éducation fait l'homme tout entier. Elle

se concilie sans doute en lui avec les droits de la liberté : en rigueur, l'homme pourrait se soustraire à cette action et lutter contre elle ; mais en réalité, il la subit à son insçu et en reçoit habituellement sa forme propre.

Heureux l'enfant que Dieu a doué d'une nature privilégiée, que les soins les plus tendres et les plus éclairés ont prévenu et guidé dès le berceau ! Au sortir des mains paternelles, s'il a trouvé, pour le recevoir des maîtres dévoués et chrétiens ; s'il a quitté le sanctuaire de la famille pour un autre asile, sauvegarde de son innocence, solitude pure et vivifiante à l'abri du souffle mauvais de l'irréligion et de l'immoralité ; il croîtra doucement, jeune arbrisseau planté le long des eaux vives ; il promettra dès son printemps les fruits réservés à l'âge de la maturité.

Ainsi avions-nous reçu, il y a plusieurs années déjà, un enfant d'heureuse espérance, âme pure, nature candide et naïve. En lui nous trouvions les plus belles qualités : mais il ne devait pas appartenir longtemps à la terre, Dieu, sans doute, le préparait pour lui seul, et devait *se hâter de le retirer de ce monde d'iniquité.*

Il lui a été donné de parcourir presque en

entier le cercle des études classiques; mais au moment où ses frères, armés pour les luttes de la vie, par les longues années de l'éducation, entraient dans cette carrière si fertile en écueils, si féconde en naufrages; lui, déjà, atteignait le terme dernier. Il quittait l'arêne avant le combat, couronné, non pour la victoire remportée, mais pour la volonté de vaincre. Combien nous l'aimions, quand il était au milieu de nous! La mort ne lui a rien retiré de notre affection; sur sa tombe je veux déposer un souvenir et répandre des fleurs, emblêmes de l'innocence et de la charité.

. . . . . . Manibus date lilia plenis,
Purpureos spargam flores . . . . . .

Virg.

II.

Dilectus Deo et Hominibus.
Aimé de Dieu et des Hommes.
Eccli. 45. 1.

Arsène SALLANDRE, naquit à Faverolles, près Ville-en-Tardenois, dans le département de la Marne, le 8 Octobre 1837.

Son père et sa mère descendaient tous deux d'une même famille, originaire de Chalandry, en Laonnois.

Du haut de la montagne de Laon, l'œil aime à contempler l'espace immense qui s'étend vers le nord. A l'abri, pour ainsi dire, de l'antique cité, dans un rayon de quatre ou cinq lieues, ces plaines fertiles sont animées par de nombreux villages. C'est là une des plus intéressantes portions de l'ancien Diocèse de Laon, jadis pays de foi et de pratique religieuse.

Le travail de notre époque est d'altérer sous toutes les zones la physionomie caractéristique de chaque pays, pour en ramener tous les traits à un type commun qui détruit toute originalité. Chaque nation, chaque province, chaque agglomération de village avait autrefois ses mœurs, son aspect, sa vie particulière : l'activité du siècle efface peu-à-peu ces tons si tranchés, et confond toutes les nuances en une même teinte.

Cependant, il reste encore en chaque pays, des familles qui semblent avoir recueilli l'héritage de toutes les traditions des ancêtres.

On aime à les entourer de respect, parce qu'elles sont les dépositaires du passé, et qu'elles reportent aux temps anciens la population qui grandit autour d'elles.

Arsène SALLANDRE appartenait à une de ces familles patriarchales où la religion est réellement pour l'homme un pain quotidien ; ceux qui la composent aujourd'hui, aiment à remonter dans un passé de plus de deux siècles, jusqu'à la septième ou huitième génération ; ils conservent avec vénération les noms de leurs pères et leurs titres. Ces titres, ce sont tout simplement les bons exemples d'hommes laborieux, d'un sens juste et droit, qui, d'année en année, ont cultivé et amélioré l'héritage de la famille ; amenant ainsi le bien-être de leurs vieux ans, en même temps qu'ils transmettaient à leurs fils l'honnête aisance qu'ils avaient reçue de leurs pères. Les bénédictions de Dieu descendant alors de l'aïeul sur le fils et le petit-fils, s'étendent de génération en génération. L'enfant reçoit en naissant le précieux héritage de la vertu. Elle est dans son sang ; elle imbibe son petit être. Tout ce qui peut la blesser, le blesse lui-même, et le révolte instinctivement. Arsène avait peut-être deux ans, qu'un homme s'oubliait devant lui. L'enfant étonné lui adressa cette parole : « *Je le dirai à votre maman.* »

Connaissez-vous rien de plus touchant que ce mot si naïf ? Eloge sublime d'une mère dans ce cri spontané ! Il regardait une mère comme la tutèle de toutes les vertus, dont il voyait en la sienne la douce image. Il s'imaginait, sans doute, qu'à tout âge de la vie, il suffit d'un regard maternel pour remettre dans la voie du bien l'homme un instant égaré. Cher enfant, comme tu présumais de nous ! Tu ignorais que l'enfant est bien souvent meilleur que l'homme.

Dès l'âge de deux ans, Arsène, dont les facultés se développaient avec une rare précocité fréquentait la modeste école du village. Son plus bel éloge, pour un âge aussi tendre, c'est que déjà il était pieux. La fleur naissante dirige d'elle-même vers le soleil sa corolle entr'ouverte. Tel est dans l'âme humaine l'instinct de la vertu; elle se tourne naturellement vers Dieu. N'en soyons pas surpris; le cœur de l'enfant chrétien est à Dieu par la grâce, avant que l'intelligence ne soit à lui par la réflexion. Il vénérait avec amour le signe sacré de la rédemption, s'attristait un jour devant les ruines d'un calvaire à demi-détruit et consacrait une autre fois le peu d'argent qui lui était donné à acheter lui-même une petite croix qu'il aimait à contempler, comme si, déjà, quelque chose de l'ineffable mystère du salut était révélé à sa raison naissante.

En 1841, son père cédait l'étude de notaire qu'il gérait à Ville-en-Tardenois, et se retirait, avec sa famille, à Colligis, petit village délicieusement situé dans une pittoresque vallée que traverse la Lette, à deux ou trois lieues de Laon.

Toutes les vies d'enfants se ressemblent. Ce sont les mêmes jeux, les mêmes essais dans les voies laborieuses de la science humaine, les mêmes plaisirs, les mêmes larmes, sitôt venues, sitôt séchées. Mais, pourtant, ce n'est déjà plus pour tous la même innocence, la même simplicité; ce ne sont plus les mêmes espérances. Sur cette exquisse encore ébauchée, les grands traits de la vie se distinguent déjà et s'impriment profondément. Pendant sept années, jusqu'à la fin de juin 1848, Arsène fut tour à tour l'élève de plusieurs écoles de village, d'une petite pension et enfin du Collége de Laon, où il commença ses études classiques.

Sa santé, à cette époque, indiquait déjà la nécessité de précautions sérieuses. L'air de Laon surtout était trop vif pour sa poitrine délicate. Dieu, qui ne voulait lui laisser la vie que juste assez de temps pour que cette fleur fût cueillie dans tout l'éclat de son printemps, Dieu allait confier uniquement à ses prêtres, le soin de préserver ce jeune cœur de toute atteinte des passions, et de l'orner de la maturité précoce des plus belles vertus.

Un parent, un ami de M. Sallandre, M. l'abbé Turquin, aujourd'hui chapelain des dames religieuses de la Croix, de Saint-Quentin, alors curé de Voyenne, près Marle, reçut ce dépôt précieux. Pendant une année, Arsène resta près de lui, croissant en âge, en science et en piété, *aimé de Dieu et des hommes.* Cette année fut celle de sa première Communion.

Epoque fortunée de la vie ! Jour à jamais marqué par un souvenir impérissable, entre tous ceux que Dieu nous accorde ! C'est l'heureux moment qui transforme l'enfant, qui révèle à son cœur quelque chose de la vie telle que Dieu la veut pour l'homme ; une vie au dessus de la nature et des sens, une vie d'union cœur à cœur avec celui qui est le souverain bien, le vrai, le beau, le bon par essence. Heureux moment des plus délicates impressions des joies les plus pures ! Il n'est pourtant encore que le premier regard vers les horizons infinis ; pourquoi tant d'hommes détournent-ils aussitôt la tête, dédaignant les splendeurs immortelles ?

Comment Arsène se prépara-t-il à cette grande action ? Quelles en furent les circonstances ? Je ne puis mieux le dire qu'en empruntant ces détails touchants à une lettre que voulut bien m'écrire M. l'abbé Turquin.

« Dès les premiers jours de son entrée chez

moi, je fus à même d'apprécier tout ce qu'il y avait d'heureuses dispositions dans le cœur de cet enfant. Il avait un goût sensible pour la piété, dont son jugement lui faisait déjà comprendre toute l'excellence. »

« Aussi, lorsque je lui faisais entendre quelquefois que la piété est utile à tout, qu'elle a les promesses de la vie présente aussi bien que celles de la vie future, il se prenait à regretter de n'avoir pas mieux compris jusqu'alors une vérité aussi claire. « Eh quoi, me disait-il, avec « ce bon sens et cette naïveté que vous aurez « sans doute admirés en lui bien des fois, nous « voulons faire des progrès dans les sciences et « nous négligeons de connaître la religion! « Pourtant nous ne vivrons pas toujours, et « quand nous serons morts, à quoi nous ser- « vira le grec ou le latin, si nous sortons de ce « monde sans avoir su le chemin qui conduit « à la vie éternelle? »

« Ces réflexions si sérieuses d'un enfant si jeune, et qui m'étonnaient moi-même, font bien voir ce qu'il devait penser d'une première communion et des dispositions qu'il devait y apporter. »

« Je l'avais mis, pour sa conscience, sous la

direction de M. Leredde, doyen de Marle, qui lui aussi, un an plus tard, a été enlevé d'une manière si prompte à notre affection, comme à l'affection et à l'estime de ses paroissiens, parmi lesquels il paraissait destiné à faire tant de bien. Sous une direction si paternelle et si éclairée, Arsène ne pouvait manquer de bien se préparer à sa première communion. »

« Plus le jour approchait, plus sa ferveur devenait grande et sa foi vive ; et plus il multipliait ses prières. Je l'ai vu bien des fois renoncer à ses récréations, qu'il aimait tant, et se rendre à l'église avec tout le sérieux de l'âge mûr, pour y adorer Jésus-Christ, lui exposer ses besoins et le vif désir qu'il avait de le recevoir. Son bonheur, aussi, était de se mettre à genoux au pied de l'autel de la Sainte Vierge, pour obtenir par elle toutes les grâces qu'il demandait. Il n'agissait point de la sorte pour s'attirer des éloges, il tâchait, au contraire, de les éviter. Quand je lui demandais d'où il venait il me disait la vérité en toute simplicité et il ne manquait pas d'ajouter aussitôt : « Je ne fais « rien de trop pour notre Seigneur, qui nous « a tant aimés. Quand on pense qu'il se fait un « bonheur de descendre dans nos cœurs, on « devrait être tout brûlant d'amour pour lui. » il me disait une autre fois : « Comme les

« hommes sont insensés ; ils trouvent du « bonheur dans des fadaises et n'en trouvent « pas dans la sainte Eucharistie ! »

« C'était un ange de pureté ; cependant, dans les jours qui précédèrent sa première communion, il paraissait s'abandonner beaucoup trop à l'inquiétude. Je le surpris un jour versant des larmes en abondance, et, comme je lui en demandais amicalement la raison : « Je ne fais « rien pour bien recevoir Jésus-Christ dans « mon cœur, me répondit-il, il faut bien d'autres « dispositions que les miennes ! Que de misères, « que d'imperfections je vois au dedans de moi ! « Et puis, je crains de ne pas me faire bien « connaître à mon confesseur ; je crains qu'il « ne me juge pas aussi coupable que je le suis » Je le rassurai alors, lui disant qu'il fallait marcher avec une entière confiance en la bonté de Dieu. « Oh ! Dieu est bien bon, reprit-il, « mais c'est parce qu'il est bon que je regrette « tant de l'avoir offensé. Je ne voudrais avoir « aucune tâche dans mon âme, quand il vien- « dra en prendre possession. »

« On sera peut-être surpris de voir tant de sens dans un enfant si jeune. Je l'ai déjà dit, le jeune Arsène devançait son âge. Il avait commencé ses études de bonne heure. Son père et sa mère avaient pris l'heureuse habitude de lui rendre raison de tout et de lui faire envisager sérieusement toutes les choses de la vie. »

« Hélas ! Il a vérifié cette maxime populaire, *qu'un enfant trop précoce ne vit pas de longs jours*. Mais, pour lui, peu lui importait de vivre longtemps, pourvu qu'à la fin il sauvât son âme. »

« Un jour que nous nous entretenions familièrement ensemble sur le bonheur de servir Dieu, charmé des sages réflexions qu'il me faisait, je m'aventurai à lui dire : Eh bien, Arsène, supposé que tu eusses à choisir entre un péché mortel et la mort, que ferais-tu ? — Ah ! mon cousin, reprit-il aussitôt avec la franchise que vous avez dû lui reconnaître, me croyez-vous bien embarrassé pour vous répondre ? — Mais il me semble que c'est encore assez embarrassant : car, enfin, tu as de la fortune, des talents, l'amour du travail ; tu peux avoir une belle position dans le monde, y être honoré, estimé, et jouir agréablement de la vie dans votre belle maison de Colligis. — Oui, me dit-il, tout cela est beau, mais après, que m'arrivera-t-il ? — Ce qui arrive à tout le monde, après la vie, c'est la mort. — Alors, je serai bien avancé, n'est-il pas vrai, avec mon péché mortel sur la conscience. Vous voyez bien, mon cousin, que j'aime mieux mourir mille fois que de commettre un seul péché mortel. Je ne me tins pas pour battu. — Quand tu seras pour mourir, ajoutai-je, tu te confesseras. — Et si je suis surpris ; et si le bon Dieu, à cause de mes infidélités, ne me donne pas la grâce de contrition ? Oui, je vous le répète, j'aimerais mieux la mort. »

« Il fallait le voir la veille et le jour même de sa première communion. Quel recueillement ! Quelle ferveur ! Quelle foi vive ! Les plus petits détails sont grands, quand il est question d'un enfant ; on le complimentait sur ses habits de première communion. « Ce n'est pas cela qu'il faut voir, reprit-il aussitôt, l'essentiel est de préparer une belle habitation à notre Seigneur. » « Mon cousin, me disait-il encore « quelques jours auparavant, papa et maman « vont arriver, je les aime beaucoup, je crains « de m'entretenir avec eux trop longtemps et « d'oublier notre Seigneur. Tâchez que je ne « les voie pas beaucoup le jour de ma première « communion, afin que je sois tout entier à « Jésus-Christ. Je prierai beaucoup pour eux « et le lendemain, je leur prouverai bien que « ce n'était point par indifférence que je n'étais « pas avec eux. »

« Aussi, le jour de sa première communion,

aussitôt après le dîner de famille, son premier soin fut-il d'aller à l'église s'entretenir avec le Dieu qu'il avait reçu. »

« C'est avec les mêmes dispositions qu'il reçut quelques jours après le sacrement de confirmation. »

« Bientôt ensuite, il me quitta, et il vous fût confié. C'est à vous, Monsieur, de nous dire, s'il a profité de sa première communion. »

Heureux effets d'une bonne éducation! Heureux effets d'une bonne première communion! Heureux enfant d'avoir eu des parents chrétiens! Ils ne l'ont pas perdu pour toujours, j'en ai la douce confiance. »

. . . .

Au mois d'Octobre 1849, Arsène Sallandre entrait à l'Institution Saint-Charles de Chauny, pour y suivre les cours de cinquième.

III.

Sapientiam et disciplinam qui abjicit, infelix est : et vana est spes illorum et labores sine fructu, et inutilia opera eorum.

Celui qui rejette la sagesse et la discipline est malheureux : ses espérances sont vaines, ses travaux sans fruit, et ses œuvres inutiles.

Sagess. 3. 11.

Celui-là se résigne à courber les épaules sous un lourd fardeau, qui accepte la difficile mission de diriger les autres par l'éducation. Pourquoi ? C'est que notre nature est ennemie de toute contrainte. C'est que le jeune âge résiste plus violemment encore que tout autre au frein qu'on lui impose. Depuis la première dégradation de l'homme, un combat étrange est engagé entre le ciel et la terre; c'est une lutte entre Dieu même et tout homme venant en ce monde. Dieu est *la voie, la vérité et la vie*; sans cesse il attire l'homme vers lui avec une inépuisable charité; mais l'homme oppose à la lumière les ténèbres de son ignorance, à l'élan qui le sollicite au bien la pesanteur d'un corps corrompu, à la divine volonté sa liberté dont il abuse. Et puis, quelle malheureuse avidité pour tout ce qui est jouissance! Comme les sens parlent haut et réclament impérieusement leur nourriture!

Malheureux donc celui qui dès l'enfance rejette la sagesse et la discipline, *quoi qu'il soit bon pour l'homme d'en porter dès lors le joug.* Car ses passions ne seront point comprimées; toujours elles le domineront. Homme fait, il sera sans énergie sur lui-même; loin d'être un chrétien il ne sera pas même un homme

Elles sont si douces les espérances du jeune âge: l'avenir se présente avec des couleurs si brillantes et si pures. Qui dira toute l'ardeur des brûlantes aspirations du jeune homme? Qui dira cette exubérance de forces avec laquelle il se précipite dans la vie? Mais s'il a rejeté la sagesse et la discipline, *son espérance est vaine*: ce n'est plus qu'une lueur mensongère, un météore trompeur. Laissez toute espérance, vous qui entrez dans la vie par la porte large de la licence, il ne vous reste qu'un mot : illusion, déception.

Vous vous agitez, vous vous consumez en labeurs pénibles : *Mais vous êtes semblables à l'insensé qui batit sur le sable mouvant.* Amoncelez vos matériaux et vos fatigues ; plus haut sera l'édifice, plus grande sera la ruine ; *Vos travaux seront sans fruit*; car, *qui sème le vent moissonnera la tempête.*

O jeunes gens, si pleins d'avenir, comprenez donc vos véritables intérêts. Celui là seul travaille, dont l'œuvre ne meurt point avec le temps. Ne perdez point cette vie, présent magnifique que Dieu livre à votre libre action, mais qu'il n'abandonne point sans retour. Acceptez le joug d'une contrainte salutaire, domptez vos passions pour être des hommes ; courbez devant Dieu votre esprit et votre cœur, pour être des chrétiens ; soyez ici-bas les disciples de la croix, pour être des saints. Autrement vous travaillerez, vous souffrirez et *ces œuvres seront inutiles.*

Ces leçons sont dures pour l'homme : il

accepte difficilement de gravir le rude sentier par lequel il devrait marcher, *jetant sur ses pas dans la douleur et les larmes les germes de son immortalité*. Plus dures encore sont ces leçons pour l'enfant et le jeune homme. O précepteurs, ô maîtres, à nous cependant de donner cet enseignement, de le faire pénétrer profondément et d'en affermir les racines. Voilà pourquoi notre tâche est si lourde. Trop souvent nos efforts ne sont couronnés que d'un succès bien incomplet; mais quelquefois aussi notre récompense est bien douce. Lisez et jugez.

Arsène Sallandre, tel que nous l'avons vu arrivant au milieu de nous, ou plutôt tel que nous l'avons toujours connu, était un aimable enfant, d'une figure douce et intelligente. Sa physionomie mobile, son regard animé et pénétrant, le jeu de toute son organisation indiquaient tout à la fois chez lui la vivacité de l'esprit et l'irritabilité nerveuse du tempérament Il est toujours resté de taille médiocre : ses traits sans être beaux, parce qu'ils manquaient de régularité, éveillaient aisément la sympathie. J'aimais surtout son regard, expression profonde de toute son âme. Plein de franchise et de candeur, il avait besoin, pour ainsi dire, d'être sûr de celui avec qui il s'entretenait. Ses yeux, un peu voilés dans leur orbite, descendaient doucement en vous et semblaient vous interroger jusqu'au fond du cœur. Sa voix, vive et perçante quand il parlait, avait, lorsqu'il chantait, de la pureté et de la grâce : dans les chants religieux, lorsque sa voix s'élevait seule vers Dieu, au milieu du recueillement de tous, il nous impressionnait profondément, parce que ces accents partaient du cœur et vibraient comme l'expression énergique de sa foi et de sa piété.

Pourquoi rappeler ici les souvenirs des yeux et des sens ? Il n'y a pour l'homme aucun mérite dans les dehors corporels. Il est vrai ; aussi je ne cherche sous ces formes que la pensée et le cœur dont elles sont l'image ; mais loin de moi d'en repousser le légitime attrait ; j'aime mieux redire avec le poëte latin, qu'un beau corps prête à la vertu des charmes nouveaux.

Gratior et pulchro veniens in corpore virtus.
Virg.

Pendant ses premières années avec nous, Arsène avait toute l'amabilité naïve du jeune âge, cette gentillesse pleine de simplicité et d'abandon qui fait aimer l'enfance ; avec ses maîtres, confiance douce et aimante ; avec ses camarades, vivacité, besoin de jeux et de mouvement. Il savait exciter et provoquer ses jeunes amis par de charmantes agaceries, de bienséantes taquineries d'enfant qui sèment la vie et la gaieté dans les joyeuses récréations du Collége. Mais jamais il n'a fait peine à nul d'entre eux ; un tact exquis, le tact du cœur, réglait à son insçu, ce que son esprit avait d'entraînement et de précipitation.

Peu-à-peu, cependant, cette fougue légère s'apaisa. L'âge de la croissance développa en lui, avec la terrible maladie qui l'emporta, une grande excitation nerveuse. Sous cette influence son caractère se modifia assez rapidement. Pendant ses cours de seconde et de rhétorique, il n'était plus seulement le jeune enfant au délicieux babil; sous des apparences qui avaient peu changé, il cachait désormais une profonde sensibilité. Il était en proie à une mélancolie rêveuse qui exaltait la délicatesse de ses pensées et de ses sentiments. Des larmes, dont il ignorait la cause, étaient pour lui un besoin qu'il ne pouvait expliquer.

Que de fois je l'ai vu passer auprès de moi de longues heures, en proie à cette tristesse qui le décourageait d'abord, parce qu'il ne la comprenait pas. Mais bientôt doucement transformée par une parole amie, elle devenait pour lui comme l'entrée en une sphère nouvelle. Son âme s'élevait alors au-dessus des puérilités de l'âge; il entrevoyait la vie; tout son cœur s'agrandissait en montant jusqu'à Dieu. C'est chose belle et émouvante de contempler ainsi les aspirations d'un cœur pur qui s'entr'ouvre à l'existence, qui se penche avec une naïve curiosité vers les joies de la terre, et qui déjà instinctivement n'y pressent que le vide et même la perte de quelque dignité. Comment des larmes ne s'échapperaient-elles point de cette poitrine oppressée, de ces yeux qui interrogent toutes choses avec anxiété? Mais qu'il est doux aussi de relever cette jeune âme qui souffre sans se comprendre; que l'imagination seule a déjà blessée, avant qu'elle ait ressenti les déchirements de la réalité. Qu'il est doux, de lui murmurer tout bas, comme l'écho d'elle-même, que la terre est peu de chose, que désormais il lui faut davantage, que l'abîme de son être appelle un autre abîme et qu'il est un amour que l'homme paie par des sacrifices d'un jour et qui vit à jamais.

Cette mélancolie de l'âme n'est autre chose que le sentiment inné de notre grandeur et la conviction de notre exil ici-bas. Oui, elle est chrétienne cette tristesse qui nous dégage de la terre et nous porte vers Dieu. Loin du sol de la patrie un noble cœur est toujours en souffrance. Ainsi ai-je entendu nommer ces impressions de l'âme chrétienne *le mal du pays*. Ce nom est aussi juste que touchant. L'âme se chante à elle-même ce ravissant cantique du roi prophète, elle tressaille à ces accents surhumains: « Avec l'ardeur du cerf qui recherche une » source d'eau vive, mon âme vous désire, ô » mon Dieu. Mon âme a soif du Dieu vivant, » du Dieu fort; quand viendrai-je, quand pa- » raîtrai-je devant lui ? Mes larmes sont le pain » de mes jours et de mes nuits. Quelque chose » me dit sans cesse : où est ton Dieu? A ce » souvenir mon cœur s'épanche en moi-même. » Oui, j'arriverai jusqu'au tabernacle admira- » ble, jusqu'à la maison de Dieu. Mon âme, » pourquoi es-tu triste? Pourquoi me troubles- » tu ? Espère en Dieu !

Ainsi avions nous souvent des entretiens qui m'étaient chers. Arsène y trouvait un aliment sérieux, une direction utile pour l'exaltation passionnée de son cœur, et en même temps son caractère s'affermissait peu à peu. Il avait à corriger en effet une sorte de faiblesse qui ne doit point exister dans l'homme. L'homme est appelé à diriger et à protéger; il ne faut pas qu'il ait trop besoin d'être lui-même soutenu et fortifié. Il doit inspirer l'énergie et non la recevoir.

La vie du jeune homme pendant les années de son éducation est bien obscure. Cependant dans la sphère modeste d'un collége chrétien, à chaque instant se présente l'occasion de précieuses vertus. L'héroïsme ne consiste pas toujours à faire de grandes choses ; on en rencontre rarement la possibilité, et, en ce cas, les forces humaines sont excitées par la puissance magique des événements ou des obstacles. Le plus admirable héroïsme sera toujours d'être invariablement parfait dans les petites choses. Telle est la vraie vertu, et le principal mérite des vies les plus saintes.

Au collége nous demandons de nos enfants la régularité, le travail et la piété. Puissent tous les élèves que la Providence nous donne à ce moment ou nous réserve pour l'avenir, nous rappeler par de semblables qualités, la pratique constante d'Arsène Sallandre.

La règle commune assouplit tous les caractères, en adoucit les aspérités, en détruit les faiblesses. Bien comprise, appliquée dans son sens le plus large, pratiquée avec courage, dignité et fidélité, elle ne laisse place à aucun défaut; elle est même l'ennemie de toute imperfection. Le malheur de la plupart des hommes est de vivre au hasard, au gré des événements, selon le caprice de leurs goûts et de leurs passions et suivant toutes les influences imprévues des hommes et des choses. L'homme sérieux doit régler son existence et se faire à lui-même un code imprescriptible en harmonie avec la religion, sa conscience et les devoirs ou les bienséances de son état.

Dans la vie commune, tout est déterminé à l'avance; les sacrifices sont mesurés en vue d'un même terme et proportionnés à toutes les forces. Ils sont d'ailleurs plus faciles, parce qu'ils sont partagés.

La règle d'un collége a pour but l'ordre de la maison, les bonnes conditions d'un travail sérieux, la réforme du caractère et enfin le développement de la piété. Ces quatre motifs sont distincts et progressifs. Le premier n'est que matériel; le second assure l'instruction; le troisième s'élève jusqu'à l'éducation; le dernier enfin caractérise notre enseignement spécial. Il est à proprement parler notre unique terme;

puisqu'à défaut de ce résultat, nous croirions avoir travaillé en vain.

Une discipline, toute militaire en quelque sorte, aurait déjà de précieux avantages; mais c'est une discipline de bonne volonté que nous voulons voir fleurir au milieu de nous, une discipline qui atteigne l'esprit et le cœur, plus encore qu'elle ne règle les dehors. Telle a toujours été la vertueuse régularité d'Arsène Sallandre. Malgré sa vivacité naturelle, il a toujours su se vaincre au point d'être un modèle. Sa chambre, à Colligis, était ornée de gravures accordées à la fin de chaque mois comme témoignages de bonne conduite, aux élèves qui se sont montrés irréprochables pendant ce temps. Que d'actes de vertu pratiqués ainsi pendant les années de collége par un élève pieux! Quelle admirable moisson déjà recueillie dans un âge où l'on penserait qu'il n'est possible que de semer les espérances de l'avenir! Oh oui, si nous voulons réellement utiliser le trésor de notre existence, faisons ainsi dans la simplicité de notre cœur, selon la belle expression d'un pieux évêque, *beaucoup de bons petits actes de vertu.*

Notre cher élève était sans contredit plus remarquable encore par son application, par son travail infatigable. Ses talents, sans être extraordinaires, étaient cependant distingués ; mais il devait autant à ses efforts qu'aux libéralités de la nature. Nous l'avons toujours vu animé d'une ardente volonté de réussir. Ses devoirs quotidiens étaient faits avec soin ; il ne connaissait pas les négligences si ordinaires aux enfants.

En cinquième, en quatrième et en troisième, on le vit constamment tenir la tête de son cours, être nommé sept ou huit fois parmi les heureux vainqueurs couronnés à la fin de chaque année, et remporter dans chaque classe les récompenses les plus ambitionnées. En seconde et en rhétorique, sa santé affaiblie et des absences prolongées ne lui permirent plus de prendre part aux concours.

J'ai toujours remarqué en lui une disposition assez rare dans les colléges, mais bien précieuse, je veux dire le désir d'acquérir, même en dehors de l'enseignement commun, toutes les connaissances que pouvaient permettre les circonstances. C'est ainsi que sans parler des arts d'agrément qu'il cultivait avec soin, Arsène se livrait dans ses moments de loisir et dans ses promenades à l'étude si riche des diverses parties de l'histoire naturelle. A Colligis, au milieu d'un beau jardin, il avait un asile charmant pour ces études privilégiées, petit musée de bon goût où l'enfant amassait des trésors d'une grande valeur à ses yeux, et que le savant même n'eût pas visité sans quelque intérêt.

Aimant avec ardeur la poésie, il s'exerçait, aussi bien en français qu'en latin, à des essais dignes d'éloges pour un écolier novice. Plusieurs fois, dans les soirées littéraires et musicales qui ont eu lieu à Saint Charles, il a pu lire en public quelques fables de sa composition, et recueillir de ceux qui l'entendaient une flatteuse approbation.

Avec l'âge et le développement de l'intelligence l'amour de l'étude ne fit que s'accroître en lui. Il le porta même à un point que je ne crains pas de nommer héroïque par les sacrifices qu'il s'imposa pour le satisfaire. Pendant son cours de rhétorique sa vue s'était altérée, moins par maladie organique que par suite de l'affaiblissement total de sa constitution. Je l'ai vu et le redis avec une véritable émotion, pendant des mois entiers, apprendre péniblement des leçons qu'un autre élève lui lisait et qu'il récitait parfaitement à l'heure de sa classe. Je l'ai vu, pendant de longues soirées d'hiver lutter énergiquement contre les difficultés; refuser tout adoucissement; lire ses auteurs et consulter même ses dictionnaires, en s'aidant d'une loupe. Malgré tant d'obstacles, le devoir était chaque jour presque fait au complet.

Le travail était donc pour lui un besoin passionné; il s'en expliquait lui-même ainsi en écrivant à un ami, dans l'année qui précéda sa mort.

« Depuis que je t'ai vu, j'ai fait une maladie de six mois, qui m'a enlevé le peu de forces que j'avais. Non seulement je ne puis courir ni marcher longtemps; mais dès que je m'applique un peu, ou que je veux lire, une demi-heure suffit pour m'abattre complètement. Je suis, quant au travail, absolument incapable. Dans cette position l'oisiveté est un devoir pour moi, juge combien il est pénible. Si l'année dernière j'avais été obligé de rester à rien faire, seulement pendant quelques jours, tu sais combien cela m'aurait coûté. Mais cette année c'est différent, je sens que je suis incapable et je souffre patiemment... »

Tant de belles qualités devaient surtout leur éclat au principe qui les vivifiait, c'est-à-dire à l'esprit de foi et de piété. Dès son arrivée à Saint-Charles, Arsène s'efforça généreusement d'entrer dans l'esprit de l'institution. Il dirigea vers Dieu toutes ses pensées, toute l'activité de son cœur; il travailla pour Dieu seul, et je puis lui rendre ce témoignage que dès lors il fit dans la vie chrétienne des progrès rapides. On eût dit qu'il entendait une voix intérieure, qui lui rappelait sans cesse ce grand avis de l'evangile: *travaillez, tandis qu'il est jour, car la nuit vient où vous ne pourrez plus travailler.*

Assiduité à la prière, tendre piété à la chapelle, participation fréquente aux sacrements, tels sont les bons exemples qu'Arsène a donnés à ses condisciples, sans jamais connaître les relâchements soudains si faciles et si fréquents pour ceux dont l'âge n'est point mûr encore.

La pureté de ses mœurs, l'innocence de la vie se reflétaient doucement dans l'angélique candeur de son visage, de son maintien et de ses paroles. Comme cette belle vertu nous élève au dessus de notre fragile nature! Quel splendide trésor l'âme chaste porte-t-elle dans un corps attaqué par tant de passions! Nous aimons si facilement un jeune enfant: ce n'est pas étonnant, nous comprenons qu'il vaut mieux que nous, qu'il n'a pas nos convoitises, peut-être nos désordres; sa vue nous réjouit, son contact nous épure. D'un cœur virginal il s'échappe un délicieux parfum. La pureté d'un enfant est un levain de grand prix déposé au milieu des autres et destiné bientôt à produire une heureuse fermentation.

Ces jeunes gens deviennent en effet, nous le voyons, des apôtres fervents au milieu de leurs frères. Ils s'unissent entre eux, s'excitent mutuellement au bien, se soutiennent dans leurs difficultés. Même lorsqu'ils ont quitté l'enceinte du Collége, ils forment encore par l'affection et les bons rapports, une pieuse société qui lutte cette fois contre le monde et le torrent des dépravations humaines. Heureux fruit des saintes amitiés du Collége !

Peu d'élèves ont été animés comme Arsène Sallandre, de ce feu de l'apostolat. Je ne nommerai pas ses excellents amis, car aucun autre nom que le sien ne sera écrit sur ces pages ; mais ils étaient nombreux, étroitement unis par la charité plus encore que par l'amitié. Aujourd'hui, soit dans les écoles, soit dans les diverses fonctions de la société, ils entretiennent entre eux et avec nous des relations affectueuses qui les encouragent au bien et les conservent chrétiens au milieu du monde.

Chaque année nos portes se referment de la sorte une dernière fois, sur des jeunes hommes qui passent de nos bras dans la vie publique. Nos yeux et nos cœurs les suivent, comme on accompagne par la pensée le vaisseau qui nous quitte et se dérobe à nos regards. Tous, hélas ! ne restent point fidèles, et pour consolation, nous cherchons à l'avance qu'elles pourront être les grandes secousses qui ramèneraient au bien ces enfants égarés; mais d'autres aussi s'avancent d'un pas ferme, et nous bénissons le père qui est dans les cieux d'avoir donné accroissement à la bonne semence déposée dans ces âmes bien-aimées. Ainsi sans doute, si Dieu l'eût permis, nous eussions trouvé dans Arsène Sallandre un encouragement pour nos travaux envers ceux qui devaient nous être confiés après lui. Mais il en a été disposé autrement !

Au moment où il nous quittait, il lui restait encore dix-huit mois à vivre; ils devaient être marqués pour lui par les plus pénibles souffrances. Le feu du creuset devait sans doute purifier de tout alliage cet or splendide, que Dieu, je l'espère, réservait à ses tabernacles éternels.

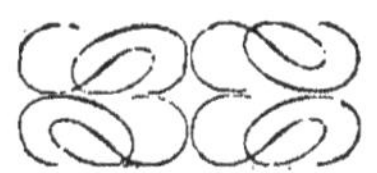

IV.

Est-ce à moi de mourir ! Tranquille je m'endors
Et tranquille je veille : et ma veille aux remords
Ni mon sommeil ne sont en proie.
Ma bienvenue au jour me rit dans tous les yeux ;
Sur des fronts abattus mon aspect dans ces lieux
Ramène presque de la joie.

Mon beau voyage encore est si loin de sa fin !
Je pars, et des ormeaux qui bordent le chemin
J'ai passé les premiers à peine.
Au banquet de la vie à peine commencé,
Un instant seulement mes lèvres ont pressé
La coupe en mes mains encore pleine.

Je ne suis qu'au printemps, je veux voir la moisson,
Et comme le soleil, de saison en saison,
Je veux achever mon année.

Brillante sur ma tige et l'honneur du jardin,
Je n'ai vu luire encor que les feux du matin,
    Je veux achever ma journée.
O mort, tu peux attendre, éloigne, éloigne-toi.
. . . .
    Je ne veux pas mourir encore.

André Chénier.

La mort ! Comme ce nom rappelle dans mon âme la terreur et l'angoisse... Mourir ! Quel changement immense ! Quelle terrible destinée ! Mourir ! Quitter tout ce que j'ai connu, tout ce que j'ai vu, possédé, aimé sur cette terre, me quitter moi-même. Mourir ! Entrer dans les abîmes de l'éternité, dans ces espacess infinis, remplis de Dieu seul. Mourir ! Et revoir d'un seul regard, face à face avec un Dieu devenu mon juge, ma vie toute entière. Mourir ! mon âme se trouble en elle-même, elle se débat dans une horrible anxiété ; mon Dieu, vous l'avez voulu et chaque jour des tombes pressées s'entr'ouvrent à mes côtés et se referment sur leur proie. Demain, aujourd'hui peut-être ce sera mon tour.

Qu'importe à la mort le nombre des années ?

N'a-t-elle pas ses victimes de prédilection ? N'a-t-elle pas des enseignements plus terribles encore que ses coups ordinaires et prévus ? C'est toi, pauvre jeune homme, au printemps de la vie, c'est toi qu'elle veut frapper au milieu de tes rêves d'avenir. Tes lèvres ne respiraient que le gracieux sourire, ton front n'appelait que l'espérance, ton cœur n'exhalait que la douce odeur de la vertu ; et tes lèvres sont décolorées, ton front est flétri, ton cœur a cessé de battre. Mon Dieu, pourquoi ce châtiment plus rigoureux, pour qui n'a pu que moins mériter vos vengeances ?

Nous sommes aveugles, nous ne comprenons pas vos desseins pleins d'amour, ô Dieu, ô père !

Nous nous attachons à la vie présente comme à notre unique félicité, et pourtant nous savons qu'elle nous échappe à chaque instant, qu'elle n'est rien pour nous. Nous voulons des joies, des plaisirs, des honneurs, des richesses ; et pourtant notre vie ne doit être qu'une expiation et la douloureuse préparation à l'existence véritable. Nous ne vivons que pour la créature ; nous oublions les droits du créateur pour qui seul tout existe.

L'homme se détache de son centre unique,

et il se plaint d'être emporté au hasard. Aux lois éternelles de la gravitation des âmes, il substitue par l'erreur de sa volonté, la course errante des globes sans orbite; et il gémit de ne plus connaître le repos et l'harmonie.

Non, la mort telle que nous la créons, n'est point la mort telle que Dieu nous l'a faite. La vie est une durée si courte en présence de l'éternité! Un seul moment détermine pour nous des conséquences impérissables. La vie est un éclair: ce n'est que le moment rapide, dans lequel nous choisissons à jamais notre éternité. Mourir, c'est prendre possession d'une immuable existence.

Qu'a donc cette vie de si attrayant pour en regretter la perte à ce point? La faute entraîne le remords. Où est la joie de ceux qui ne recherchent pas uniquement la vertu? Où est même la joie parfaite de ceux qui n'en quittent pas le sentier escarpé. Sans doute ils ont *la paix de Dieu qui surpasse tout sentiment*, mais leur âme ne peut être pleinement satisfaite, parce que Dieu ne se dévoile point encore à eux comme leur récompense. La vertu nous coûte chaque jour de pénibles combats; l'homme ne peut faire un pas vers ses semblables sans redouter sa propre faiblesse, sans craindre mille séductions. Vivre sans la vertu est un horrible malheur. Vivre vertueux est une guerre de chaque jour. Oh, je crains la mort, parce que *je tremble pour chacune de mes œuvres* ; mais donnez-moi l'espérance, et je saluerai la mort comme l'aurore de ma vie.

Ne pleurons pas sur ceux qui nous quittent, avant d'avoir épuisé leur portion d'existence. Sur ces tombes couronnées des roses de l'innocence et de la jeunesse, n'avons-nous pas redit quelquefois avec les larmes du poéte :

Au banquet de la vie, infortuné convive,
J'apparus un jour et je meurs !...

Gilbert.

Non, la vie n'est point un banquet, mais la route qui conduit à la table du festin, le banquet, c'est l'éternité. O pères, ô mères, ô amis qui lisez ces pages et qui sentez peut-être quelque blessure encore saignante dans votre cœur, levez les yeux et voyez dans les splendeurs célestes, le père tout-puissant qui s'est dit le père de famille, conviant lui-même tous les hommes à l'immortel festin. L'un après l'autre il appelle les convives, qui n'avaient d'autre mission sur cette terre que de revêtir la robe nuptiale ; successivement il les place à sa table céleste. Qu'importe que dans sa bonté il ait appelé avant nous, ceux que nous avions espéré précéder, l'intervalle est si court. Si celui que nous aimons avait déjà sa parure de vertu, réjouissons-nous sur lui et attendons en faisant le bien. Mais s'être présenté à la salle du festin sans la robe nuptiale !... Je ne puis que dire : pleurez. — Il n'y a pas de consolation.

J'ai presque cité le texte sacré; mais en écrivant ces paroles une gracieuse image se présentait à moi et me disait ce que c'est que la vie, ce que sont nos larmes sur ceux que nous appelons perdus. Je croyais voir une bonne mère dressant la table d'un repas de fête, et entourée de nombreux enfants. Ceux-ci convoitent à l'avance les mets qui excitent leur envie. ils pleurent en entendant dire qu'il faut attendre encore. Bientôt leur mère les prend tour à tour entre ses bras et les place successivement au milieu des invités; àl a vue d'un frère déjà placé, les autres se pressent et pleurent encore; jusqu'à ce que la mère ait satisfait à l'impatience de tous. Voilà la vie : elle est plus courte encore comparée à l'éternité, que le moment de prendre place à table comparé au repas. — Voilà nos pleurs. La mère de famille répondait aux larmes de son enfant par un sourire et un baiser, et Dieu aussi nous contemple avec un ineffable amour, et se penche à notre tour vers nous, pour nous attirer tendrement à lui.

Itaque consolamini invicem in verbis istis.
St Paul, aux Thess.

Puissent ces paroles être une consolation pour des cœurs meurtris par les déchirements d'une perte cruelle. Puissent ces paroles sécher quelques larmes et nous porter à un amour plus filial, pour le Dieu qui nous aime plus qu'une mère n'aime son fils.

Au mois de Février 1854, Arsène Sallandre fut conduit à Paris, à l'effet de consulter sur sa santé. On lui prescrivit un repos absolu et un régime qui ne pouvait être suivi facilement qu'à la maison paternelle. Aussi en revenant de Paris ne fit-il que s'arrêter peu d'instants à Saint-Charles et bientôt nous le vîmes s'éloigner. Nous ne pensions qu'à une courte séparation, son départ n'eût point pour nous l'amertume que nous eût donnée la connaissance anticipée de la réalité.

Mais à peine arrivé à Colligis, Arsène tomba gravement malade et tint le lit pendant plusieurs mois. Il était attaqué de la poitrine et la croissance naturelle à son âge ne prenait point son développement normal. Je dirai peu de chose sur cette première période de sa longue maladie: car rien alors ne paraissait entièrement désespéré ; l'enfant pensait plus à sa guérison qu'à la possibilité d'une fin prochaine , sa famille était à l'espérance.

Je lui rendis une première visite à cette époque ; c'était en Juillet 1854. Je trouvai Arsène paisiblement résigné entre les mains de Dieu ; il acceptait la souffrance, il en profitait courageusement pour avancer dans la vertu. Mais cependant il était bien éloigné encore des dispositions admirables qu'il devait manifester par la suite. Pourtant les pensées religieuses étaient sa principale préoccupation, et un médecin qui le soignait et l'aimait comme un fils, me disait à ce premier voyage, qu'il ne doutait pas qu'il ne dût mourir bientôt; qu'à ses yeux son exquise sensibilité, ses sentiments élevés était une preuve que peu-à-peu l'âme se dégageait des entraves du corps et se perfectionnait ainsi avant la dernière heure.

Cependant aux mois de Septembre et d'Octobre, il reprit un peu de force et les médecins lui prescrivirent pour échapper aux rigueurs de l'hiver, un voyage dans le midi de la France ou en Italie. Arsène se mit en route avec son père et sa mère le 9 novembre. Une attention délicate de sa part fut de commencer ce voyage par une visite à la maison bien-aimée de Saint-Charles. Il resta près de deux jours avec nous; il allait bien en comparaison de son état passé ; aussi étions-nous mutuellement à la joie de nous revoir. D'ailleurs il partait heureux pour ces climats nouveaux. Il espérait remplir son esprit si ardent par les connaissances que devait lui donner ce voyage lointain. Il parlait avec enthousiasme de l'Italie. Comment n'eût-il point alors répété les beaux vers du poéte allemand, dont les mélodieux accents descendent dans l'âme comme la douce chaleur du Midi, comme un rayon d'espérance pour le pauvre malade languissant ?

« Connais-tu le pays où fleurit le citronnier, « où la pomme d'or de l'oranger mûrit à l'abri « d'un sombre feuillage ? Là le souffle le plus « doux descend d'un ciel toujours bleu : là croît « le myrte solitaire et le laurier s'élève haut dans « les cieux. Ce beau pays, le connais-tu ? C'est « là, c'est là que je veux aller. » (Goethe)

Cependant il ne quitta point la France ; il passa l'hiver en partie à Montpellier, en partie à Cannes

Sa santé s'améliora notablement et nul doute que le climat n'ait exercé sur lui la plus heureuse influence. Chaque jour son esprit s'ornait par les études pleines d'intérêt auxquelles il se livrait selon la mesure de ses forces. Chaque pays qu'il traversait, était visité avec soin ; il y étudiait tout ce que l'histoire, la littérature, les sciences ou les arts pouvaient y avoir laissé de traces importantes et de précieux souvenirs. Il préférait toutefois les recherches des sciences naturelles ; il collectionnait avec goût et intelligence.

Le temps passait vite au milieu du bonheur de l'étude et des jouissances de la famille, sous les yeux d'un père et d'une mère qui tressaillaient de le voir revivre ; avec la douce séduction de son propre cœur qui s'enivrait des joies d'une existence renouvelée.

Aussi, toutes ses lettres de cette époque (et il écrivait souvent à chacun de ses maîtres), ne respirent que l'espérance et la gaîté. Il nous décrivait les belles contrées qu'il parcourait, nous disait l'amélioration de sa santé et ses projets d'avenir. Mais avec quelle effusion nous témoignait-il à tous sa filiale affection !

« Quoique bien loin de Chauny, m'écrivait-il au mois de Janvier 1855, mon souvenir s'y porte souvent, pour penser à ses bons maîtres que j'ai quittés avec tant de regret. Je leur renouvelle cette année, par une lettre, le respect et l'attachement que les années dernières leur témoignait de vive voix, à eux et à son supérieur, un élève qui les aime. »

Au moment où je copie ces lignes d'une lettre de notre cher enfant, je sens mon cœur battre plus vite en moi-même, sous l'impression que me laissent de si bonnes paroles. Oh oui, c'est un lien sacré que celui qui unit si tendrement le maître à l'élève, le père et le prêtre à un fils. Que c'est bien là notre pensée en nous dévouant à l'éducation! Aimer, être aimé, afin de diriger doucement et sans contrainte. Cette affection est pour la vie entière. Du moins vivra-t-elle toujours en nous. Mais serons-nous compris de tous, comme nous l'avons été d'Arsène Sallandre? Oui, de beaucoup, je le sais. Mais de tous? Je l'espère encore.

Un livre bien étrange, pour ne le caractériser que par ce mot, vient de parcourir l'Europe, soulevant à la fois toutes les impressions. Excessive en tout genre, une poésie de feu s'élève jusqu'aux plus hautes régions de la pensée ou fait entendre les plus douloureux gémissements d'un cœur brisé par un mal sans remède. Et à côté, on reste interdit devant les aberrations de la doctrine ou la dégradation du sentiment. Mais que dire de cet homme, un des premiers génies du siècle, consacrant à ses anciens maîtres, comme unique hommage de sa reconnaissance, ces pages inqualifiables écrites, comme il le dit, *à-propos d'Horace*, où l'outrage a su déployer la plus virulente inspiration de verve cynique? Enfants, soyez toujours la joie de votre père et de votre mère; et que toujours vos maîtres puissent conserver de vous un tendre souvenir.

A son retour de nos contrées méridionales, la première visite d'Arsène fut encore pour nous. Il termina par Chauny son voyage lointain, avant de revoir la demeure paternelle, où il ne devait trouver qu'un lit de douleur et de mort. En effet, à peine rentré à Colligis, il perdait le peu de forces qu'il avait recueilli sous un ciel plus humain, et la maladie exerçait bientôt sur lui les plus terribles ravages.

V.

A Domino factum est istud, et est mirabile in oculis nostris.

C'est l'œuvre du Seigneur, elle est admirable à nos yeux. Ps. 117. XXII.

Jusqu'ici je n'ai eu à louer en notre élève bien-aimé, que les belles qualités qui se rencontrent assez souvent dans les enfants et les jeunes gens élevés avec soin. Pourtant ces qualités étaient en lui à un degré peu commun. Mais maintenant j'ai réellement à dire l'œuvre de la grâce dans cette âme si bien préparée. Les derniers mois de cette gracieuse existence ont manifestement porté l'empreinte de l'action divine, dont la mémoire me laisse encore une pieuse émotion.

Le voilà aux prises avec le mal cruel qui doit être bientôt son vainqueur. Jusqu'alors il n'était que résigné; c'est qu'il espérait, et il en avait peut-être le droit. Maintenant il a mesuré le danger : il comprend sa situation, il sait qu'il faut mourir.

Il a dix-huit ans, il est fils unique, une honnête fortune lui est assurée; il a l'esprit orné de connaissances variées, son cœur est pur et aimant, son intelligence est déjà mûre; près de lui sont un père et une mère; tout lui sourit ici bas; si la douleur est la sort commun, pour lui, du moins, il faudra nommer le bonheur. C'est vrai ; mais il faut mourir.

O la douce victime de la mort ! Il ne l'accepte pas seulement, il l'accueille comme sa meilleure amie. Dans les premiers jours il répétait à chaque instant: *que la volonté de Dieu soit faite.*

Bientôt la grâce a fait un pas de plus. Que la volonté de Dieu soit faite, dit-il encore, mais il ajoute : « ce » que je désire uniquement, c'est de persévérer, si » Dieu devait m'accorder la santé ; autrement je préfère » mourir. » Et dès lors cette pensée reste fixe dans son esprit ; il ne regarde plus la mort que comme la sauvegarde de son salut éternel.

Il recherche tous les moyens de nourrir en lui la piété. C'est à la sainte Vierge, selon son habitude, qu'il a recours. A son lit était suspendue son image, nouveau souvenir de Saint-Charles ; car elle lui rappelait le jour de son admission dans la congrégation de Marie, et dans l'admirable archiconfrérie de Notre-Dame-des-Victoires. Chaque jour, à chaque instant, il l'invoque ; il a pour elle des offrandes de prédilection, toujours des fleurs choisies reposent devant son image. Pouvait-il choisir un symbole plus expressif de son propre cœur ?

Comme à Saint-Charles, sa vie est un petit apostolat. Il a grande hâte de répandre autour de lui le feu qui le consume. Sa parole, pour ceux qui l'approchent, est tour-à-tour un enseignement, une délicate insinuation, même une exhortation vive et pressante. Il aime à recueillir ses forces pour une discussion chaleureuse, et il sait frapper juste et fort celui qui lui résiste, et que parfois déconcerte la brusquerie pleine de zèle de ses charitables assauts.

Ce récit ne sera point indiscret : je dirai seulement que Dieu accorda à Arsène de remporter des victoires bien chères à son cœur. Il rencontra sans doute parfois des résistances opiniâtres ; mais ceux-là même qui ne se rendirent point à lui, ont avoué qu'ils ne l'ont jamais approché sans se sentir meilleurs. Son ardeur connaissait cependant la prudence. Car une personne, heureuse de l'impression que produisait sur elle un tel langage, l'engageait à parler de la même manière à une autre personne qu'elle lui désignait. « Oh là, répondit-il, je ne » puis rien, il est trop tôt, je serais mal accueilli. Dieu » permettra plus tard, je l'espère, que sa voix soit entendue et comprise par toutes les personnes qui nous sont » chères ». Puissent de tels vœux être exaucés de Dieu ! J'aime trop Arsène pour qu'un si juste désir de son âme, ne soit point aussi le souhait de la mienne. Et selon qu'il a prié pour les siens, moi aussi je veux prier pour tous ceux qu'il a aimés.

Pour le distraire, on lui faisait de courtes lectures. Il demanda à entendre lire la vie de Monseigneur de Simony. Après la vie des hommes dont l'église reconnaît et honore publiquement la vertu, quelle lecture serait plus attachante et plus féconde en admirables enseignements. Arsène y trouva un rapprochement frappant avec sa propre situation, dans la mort du jeune duc Maximilien de Sully. Comme Arsène, celui-ci mourut à dix-huit ans.

Notre cher malade suivait avec intérêt, je ne dirai pas le récit des actions du jeune duc, mais plutôt les leçons magnifiques par lesquelles son excellent maître voulait faire de lui un chrétien et un homme accompli. Arrivé à la maladie et à la mort de Maximilien, le lecteur voulut éluder le passage, de crainte d'affecter Arsène. Mais celui-ci, aussi courageux qu'attentif, le contraignit à revenir sur ses pas et lui dit paisiblement. « N'ayons pas « plus peur l'un que l'autre; pour mon compte je vois « toutes choses de sang froid. »

J'ai sous les yeux les belles pages qu'Arsène écoutait avec tant de bonheur et aujourd'hui il semblerait que pour moi les deux noms se confondissent; tant c'est une commune vertu avec une commune destinée. J'emprunte au hasard quelques lignes à l'éloquent écrivain de cette belle vie, et je les cite avec le souvenir que le cœur conserve pour un ancien maître.

« L'éducation du jeune duc de Sully touchait à sa fin, écrit M. l'abbé Péronne, M. de Simony était à la veille de jouir de son œuvre et de recueillir les fruits que promettaient pour de longues années tant d'excellentes qualités, relevées par une foi vive et par une piété solide. Dieu en avait disposé autrement. Il ne voulut pas exposer aux illusions du monde, des vertus déjà mûres pour le ciel. Une santé délicate qu'affaiblissaient de jour en jour des infirmités prématurées, conduisirent en peu de temps le jeune de Sully jusqu'aux portes du tombeau. Il vit arriver la mort de loin avec la résignation d'une vertu consommée. Pas un regard, pas un regret, ni pour cette vie dont il avait à peine goûté les prémices, ni pour les espérances du monde si brillantes pour lui dans l'avenir. « Mon seul regret, disait-il à sa mère, est de vous laisser « sans consolation; mais mon espoir est que Dieu nous « réunira bientôt près de lui. »

« Sa confiance en la miséricorde de Dieu était si grande, nous rapporte M. de Simony, témoin de ses derniers instants, qu'il me disait : « il ne me vient pas même « en pensée que je puisse aller en enfer. » Le jour de sa mort, il me dit en parlant de la nuit qu'il venait de passer et dans laquelle il avait beaucoup souffert. J'avais espéré qu'elle serait la plus belle de ma vie, Dieu ne l'a pas voulu, que sa volonté soit faite. » Quelque temps après il dit à sa mère : « Rien ne me trouble, rien « ne m'inquiète, je suis parfaitement tranquille. »

N'est-il pas juste de comparer Arsène à Maximilien de Sully? Notre malade faisait lui même ce rapprochement, mais pour envier ses vertus. Il aurait tant voulu lui ressembler, parce qu'il savait que malgré la fougue de son caractère et les difficultés de son naturel *il était devenu un modèle de raison, de sagesse et de vertu.* Pouvait-il en être autrement puisqu'il avait pour guide un homme dont le nom ne sera jamais prononcé qu'avec amour et vénération? Entre cet élève si privilégié et notre cher enfant, il y avait sans doute moins de différence que celui-ci ne pouvait le croire et l'avouer.

Le ciel était donc son unique pensée; il y rapportait toutes ses prières, tous ses sacrifices. Il aimait beaucoup la musique : « Pauvres doigts, disait-il un jour naïvement « en regardant ses mains, je vous aurais pourtant bien « exercés, mais j'irai dans le ciel chanter la louange du « Seigneur. »

En d'autres moment, les souffrances devenaient par trop aigües ; il craignait de manquer de patience, car sa faiblesse et son état nerveux le tenaient involontairement par accès dans une irritabilité organique dont il triomphait avec peine. Il se rappelait alors les paroles de Jésus au jardin de l'agonie et redisait avec lui : « Mon père, s'il « est possible, que ce calice s'éloigne de moi ! Mais « cependant que votre volonté soit faite. »

C'est ainsi que peu-à-peu il s'affermissait dans une pensée d'héroïque sacrifice, celle d'accepter volontiers la mort pour assurer son salut. Véritable martyre de la charité. Il y a toujours dans la vie et surtout dans la mort du chrétien, une pensée qui domine toutes les autres et qui élève l'âme à la sainteté où Dieu l'appelle. Ce serait un beau travail de rechercher ainsi la dernière et souveraine pensée de tous ceux qui sont morts dans le Seigneur et de les recueillir comme des fleurs d'une beauté parfaite et d'un parfum exquis.

Quelle admirable variété ce serait d'éclat et de couleur ! Quelle suavité d'odeurs diverses! Quel inimitable bouquet dont chaque fleur serait une vertu, dont l'ensemble serait comme la perfection même du divin modèle qui a réuni toute perfection.

Il aimait donc avec une telle simplicité, une telle confiance que les terreurs de l'éternité ne le frappaient point; la charité seule le purifiait. Dieu lui épargnait les angoisses de la crainte, si souvent nécessaires aux autres hommes.

Mourir c'était le ciel; vivre c'était la crainte du péché peut-être le péché même; il y a tant d'occasions, tant de fragilités dans la vie d'un homme. Son choix était tout fait; il s'en expliquait hautement même dans les circonstances les plus pénibles. Des prières quotidiennes étaient faites pour sa guérison; une neuvaine, m'a-t-on dit, fut commencée dans sa famille. Le soir, tous les siens étaient à genoux auprès du lit d'Arsène. Au nom de tous, sa mère priait tout haut. Oui, c'était bien à elle que cette prière appartenait. Elle suivait des yeux et de la voix une formule générale de demande; une ligne en blanc laissait à déterminer la grâce implorée. Quelques points suivaient ces mots : *accordez-moi*.....Ses lèvres aussi rapides que son cœur ajoutèrent : *la guérison de mon enfant.* « Ne « dis point cela, ma mère, interrompit Arsène, dis « comme moi : *la guérison de mon enfant, si vous « prévoyez qu'il vous sera toujours fidèle, sinon sa mort!* » Et au milieu des sanglots de tous, la femme forte et chrétienne, trouva moyen de balbutier ce que jamais il n'eût paru possible à une mère de prononcer.

Vers la fin de Juillet, il désira me voir encore une fois: ce n'était pas pour moi un moindre besoin.

J'allai donc à Colligis, avec un de mes collègues, son ancien professeur, pour lequel il avait toujours conservé une affection spéciale. Nous le trouvâmes bien affaibli. Il était d'une maigreur effrayante, une peau décolorée recouvrait seule ses os presque décharnés. Pourtant ses traits étaient encore agréables, ils respiraient un calme angélique; ses yeux brillaient de toute l'expression de son âme. Il essayait encore quelques pas : il voulut même, appuyé sur mon bras descendre au jardin et une fois encore jouir d'un air pur et de la douce chaleur du soleil. Son imagination se reportait à tous ses souvenirs, à toutes ses études, il se retrouvait tout entier, et une dernière fois il vivait de la nature qui enchante les sens et de la poésie qui enivre l'esprit et fait palpiter le cœur. Il me semblait alors qu'il allait s'écrier avec le poéte antique, que j'aimais autrefois à lui faire goûter, avec la jeune vierge sacrifiée au salut d'une armée. « Il est doux pourtant de voir la lumière. » *Eurip.*

Je ne sais pourquoi une poésie toute de la terre vient se mêler à des pensées d'une harmonie toute céleste. Jeunes élèves, pour qui je travaille, vous me le pardonnerez; mais j'ai voulu écrire comme vous aimez à penser; j'ai voulu vous laisser dans votre riant domaine des lettres humaines, et toutefois vous donner aussi les enseignments qui n'appartiennent qu'aux cieux.

La fatigue l'obligea bientôt à se replacer sur son lit :

j'étais assis près de lui, je le regardais avec attendrissement et tout d'abord je laissai entendre le mot d'espérance, je parlai de guérison. « O Monsieur, me répondit Arsène, « vous aussi, allez-vous me parler, comme font les « personnes du monde? Ne perdons point le temps. « J'ai voulu vous voir pour causer de la mort, puisque « cette heure est prochaine pour moi. Oh parlez-moi de « la mort, parlez-moi de l'éternité, parlez-moi de « l'affranchissement subit de l'âme qui va quitter cette « pauvre dépouille. Parlez-moi de Dieu. Dites-moi ce « qu'est le bonheur auquel j'aspire et qu'on me promet. « Comme mon cœur se brise d'émotion à la pensée de « cet immense changement, comme mon esprit reste « éperdu ! »

J'essayai de fortifier encore ce courage déjà si calme et si ferme; j'aurais voulu trouver des paroles de feu pour embrâser encore davantage de l'amour des choses de Dieu cette âme si ardente et si pure. Mais je l'avoue, il reçut de mes paroles une moindre leçon, que moi de sa résignation et de sa piété.

« Mais quoi, lui dis-je, vous voulez donc mourir?
— N'est-ce pas pour moi le meilleur, me répondit-il?
— Mais enfin si nous obtenions de Dieu votre guérison?

« Prenez garde, reprit-il avec un élan passionné, vous êtes prêtre et vous m'aimez en prêtre; si vous voulez prendre sous votre responsabilité, que jamais, quelle que soit la vie que Dieu m'accordera, je ne commettrai un seul péché mortel, j'y consens, demandez ma guérison. »

Comme je me taisais ; « Vous ne le pouvez pas, n'est-ce « pas, continua-t-il, qui peut répondre de soi ? Qui « pourrait répondre d'un autre ? Alors, demandez ma « mort. »

Je ne répondis pas, je craignais qu'à la piété de son cœur ne se mêlât quelque transport de l'imagination. Je crois qu'il me comprit ; car il ajouta en me serrant la main : « Avouez que vous ne me reconnaissez pas ; et que vous me trouvez bien différent de ce que vous m'avez jamais vu. Vous me reprochiez autrefois si affectueusement d'être aussi faible qu'une petite fille ; mais je ne me reconnais pas moi-même. Oh que Dieu a fait en moi de grandes choses ! Sa grâce m'a changé entièrement, ce n'est pas mon propre travail. O monsieur, que Dieu est admirable même dans le cœur d'un enfant, je ne me doutais pas jusqu'ici de l'action de la grâce. Si vous saviez combien je suis heureux, combien je suis changé ; mais aussi je sens qu'il n'y a là aucun mérite de ma part. C'est Dieu qui a tout fait. »

J'ai oublié mes propres paroles ; mais celles d'Arsène sont à jamais gravées dans ma mémoire. Quels délicieux moments pour un prêtre que ceux qu'il lui est ainsi donné de passer auprès d'un tel malade. Une fois déjà, dans un pays éloigné, le bon Dieu m'avait permis de consoler dans sa dernière maladie une angélique jeune fille qui expirait doucement dans le Seigneur à l'heure qu'elle avait choisie dès longtemps à l'avance, le jour de l'Assomption. Avec elle j'avais appris à causer de la mort, comme on s'entretient d'un ami. Je retrouvai dans Arsène la même innocence, le même détachement de toutes choses; de plus grands sacrifices peut-être à accomplir; la même piété, la même vertu; une maladie et une fin semblables. Nul ne connaîtrait sans doute ce nom que je pourrais placer auprès de celui d'Arsène Sallandre; mais pour eux peut-être, ils se connaissent auprès de Dieu, dont je l'espère ils ont reçu miséricorde; s'il en était ainsi, qu'ils se souviennent tous deux de moi, comme ils savent que je les chéris.

Ainsi s'effacent peu à peu les horreurs du trépas, aussi bien pour le mourant, que pour ceux qui devront lui survivre et le regretter. Telle est la résignation chrétienne, elle se verse d'une âme dans une âme. Aussi je trouvai les parents d'Arsène, malgré la douleur qui les accablait, moins abattus que je n'avais pu le craindre. C'était encore le secret de la vertu de leur fils. « Monsieur, disait en « me quittant sa bonne et pieuse mère, je sais le malheur « qui m'attend, mais je ne pleure presque plus. J'aime « mon enfant pour lui plus que pour moi; je connais le « monde, il veut mourir, je sais qu'il a raison. Monsieur, « mon sacrifice est fait, j'accepte la volonté de Dieu et le « désir de mon enfant: maintenant, je suis prête. »

Mon fils, disait Blanche de Castille à celui qui fût le saint roi Louis IX, Dieu sait combien je vous aime; mais j'aimerais mieux vous voir mourir que de vous voir commettre un seul péché mortel.

Les heures s'étaient écoulées; nous ne pouvions nous lasser de tenir notre cher enfant serré entre nos bras; il nous fallut enfin l'embrasser une dernière fois et le quitter pour toujours.

VI.

Oh quelle sera ma félicité, lorsque, pour jouir de la présence du Seigneur, je m'endormirai dans son sein ; lorsque purifié des souillures du péché, déchargé du fardeau de cette vie mortelle, je ne serai plus cet homme formé de limon. Réjouis-toi, ô mon âme, réjouis-toi dans ta délivrance, de la vie nouvelle que tu recevras alors de ton Dieu.

Méprise donc les horreurs de la mort, ô mon esprit! Il conduit à la lumière, le chemin qui traverse la sombre vallée ; qu'il ne t'inspire plus aucun effroi. Le chemin qui traverse l'obscure vallée, te conduira dans le saint des saints. Le repos de Dieu est inaltérable, surabondant ; il sera pour les âmes délivrées de cette vie terrestre, la source d'ineffables consolations.

Trad. de l'allem. de Klopstock.

La mort d'un homme est toujours un grand spectacle.

Il est triste et navrant, si on ne considère que les éléments matériels prêts à se dissoudre et à se séparer, sous l'influence de la corruption du tombeau. Car, selon l'expression de Bossuet, il ne reste rien à désirer dans une si belle machine, sinon qu'elle aille toujours, sans être jamais troublée et sans finir.

Mais bien plus imposant est ce spectacle, si nous pensons que l'âme qui s'échappe de ce corps en ruines, se trouve au même instant entraînée dans les profondeurs de l'éternité et mise en présence du juge tout puissant.

Enfants, ne perdez jamais de vue ces pensées qui dirigeront votre vie, si vous le voulez; à la lumière qu'elles répandent sur vos plus chers intérêts, jamais vous ne pouvez vous égarer. *Craignez Dieu et observez ses commandements, car c'est là l'homme tout entier.*

N'attendez pas, pour faire le bien, les années de la fatigue et de l'impuissance. Car peut-être n'existeront-elles pas point pour vous. Si la mort se présente *tandis que vous ourdissez encore la trame de votre jeunesse*, laissez la trancher à son gré ce fil léger; que le souvenir de votre ami vous encourage et vous soutienne.

Déjà, il touchait à sa dernière heure. Il sentait le vide qu'il allait laisser autour de lui; il comprenait que son existence ne serait pas la seule pour se briser ainsi tout à coup.

Il avait besoin d'abord de consoler ceux qu'il allait laisser après lui, et de croire que leur douleur, calmée par la religion, ne serait point excessive. Son père et sa mère étaient près de lui : « Mes chers parents, « leur disait-il, après ma mort vous ne serez pas trop « tristes, n'est-ce pas ? *N'est-ce pas* ! Il fallait une réponse, elle fut faite : évidemment elle ne pouvait qu'éluder la question : le malade n'insista plus.

. . . . Ma mère, pourquoi ce silence et ces yeux baignés de larmes ?
— Malheureuse que je suis ! J'ai bien assez sujet de pleurer.
— Oh cesse, ne m'attendris pas, mais accorde-moi une grâce.
— Parle, tu n'auras pas de refus, ma fille.
— Ne coupe pas les tresses de tes cheveux et ne te couvre pas de noirs vêtements.
— Que dis-tu ma fille ? Quand je t'aurai perdu ?
— Tu ne me perds point, je vis pour toujours !(Eurip)

C'est le dialogue du sacrifice antique, c'est encore l'expression de l'amour filial transformé et chrétien. Jeunes élèves, vous relirez souvent dans vos travaux classiques ces beaux vers que je traduis ici ; une fois de plus vous penserez à celui qui les lisait avec vous, et qui ne savait pas que bientôt son cœur lui dicterait les mêmes accents.

Le soir, le matin, quand son père ou sa mère

s'approchait de lui pour l'embrasser ; « Ah, s'écriait-il « quelquefois, si Dieu m'appelle à lui, il m'arrachera « de votre cou. »

De nouveaux progrès du mal l'obligèrent à penser aux derniers sacrements. Souvent il avait été visité et consolé par M. le curé de Crandelain et de Colligis, qui était pour lui un ami dévoué, un père plein de tendresse. Souvent il avait été admis par lui au banquet eucharistique. Chaque fois, nouveau Louis de Gonzague il avait voulu s'y préparer plusieurs jours à l'avance et on l'entendait répéter ; que je serai heureux demain! Les jours qui suivaient, étaient tout entiers à l'action de grâce, et sans cesse il redisait également : que j'étais heureux hier, que j'étais heureux il y a deux jours!

Il reçut les derniers sacrements, le samedi 1er Septembre. M. le curé, qui les lui donna, m'écrivait qu'il ne savait comment dépeindre avec quelle foi et quelle piété il les avait reçus. O derniers sacrements ! Consolation suprême du pauvre moribond ! Admirable bonté de notre Dieu ! A l'homme qui se débat sur sa couche d'agonie Dieu envoie son prêtre ; en son nom celui-ci pardonne au repentir les fautes avouées d'une longue vie. L'huile sainte coule sur des membres à demi glacés par le trépas, et donne à l'âme une force divine, tandis que le corps ne connaît plus que les défaillances de la nature. Ce n'en est pas assez, Dieu lui-même, le Seigneur Jésus, vient visiter celui qui expire, il se place amoureusement en son cœur, trône de miséricorde où il va être dans un instant son juge. Que notre Dieu est bon !

Il le savait, il le comprenait, notre cher malade ! La joie surabondait dans son cœur. Il essayait de l'exprimer à son père et à sa mère. « Que de béné-
« dictions le ciel m'a envoyées, mes chers parents,
« mes bons parents, avoir reçu trois sacrements en
« un jour ! O Jour précieux ! Comme Dieu est bon !
« Il me semble qu'il se familiarise déjà avec moi,
« afin que je sois libre avec lui, quand il se don-
« nera de nouveau tout entier à moi dans le ciel. »

A ces paroles si touchantes, les personnes présentes osèrent dire : oui, cher enfant, tu seras un élu du ciel. Il répondit : « Je n'ai que l'espoir et
« non la prétention d'arriver à la céleste patrie. Il faut
« être si saint pour y être admis. Moi qui ne suis rien,
« si j'avais seulement, à l'exemple de M. de Sully,
« au moins quelques bonnes œuvres à présenter à
« l'entrée de l'autre vie ! »

La nuit de cette même journée, il se réveilla après un léger sommeil et demanda à son père qui le veillait, quelle heure il était. Celui-ci lui répondit : onze heures. *Ah*, s'écria-t-il, *je suis encore dans mon beau jour.*

Jeunes gens, ou vous, qui que vous soyez, qui lisez ces pages, appelez-vous par avance *votre beau jour*, celui où vous recevrez à votre tour le sacrement des mourants ? Croyez moi, laissez une minute ce livre entr'ouvert, élevez un moment votre cœur vers Dieu; demandez lui avec foi et ferveur, que ces sacrements, que vous négligez peut-être depuis longtemps, ne vous fassent pas défaut à cette heure terrible. Demandez qu'après les avoir reçus, vous puissiez redire également: *moi aussi, je suis dans mon beau jour*!

Il semble qu'il ne pouvait plus rester pour lui qu'une seule grâce, une seule faveur spéciale, le choix du jour de sa mort. Dieu le fixa ce jour, comme il a fixé celui de tant d'âmes privilégiées avec une prédilection toute paternelle. A l'enfant de Marie, au pieux congréganiste de l'archiconfrérie; il accorda de mourir le jour de la nativité de celle qu'il avait honorée et aimée comme une mère.

Le 8 Septembre 1855, restera une journée à jamais impérissable dans l'histoire de nos gloires militaires, nous nous en souviendrons à ce titre immortel; mais notre cœur y joindra une autre pensée, toute de consolation, èt nous remercierons Marie de s'être montrée en ce jour, la mère de celui que nous aimions.

Après une nuit de souffrances il avait gagné péniblement le jour. Au moment où sonnait la sainte messe, il parut s'affaisser tellement, qu'on pensait le voir expirer. Cependant il se remit un peu, et à la sortie de la messe toutes les personnes amies qui venaient de s'approcher de la table sainte, voulurent lui rendre une dernière visite et l'embrassèrent en pleurant.

M. le curé vint aussi le voir et l'exhorter une dernière fois, et quand il se retira, l'enfant le reconduisit lentement des yeux.

De nouvelles souffrances survinrent; une potion calmante lui fut donnée par son médecin, ami si empressé; mais l'agitation n'en devint que plus violente et alors avec un sourire de gracieuse raillerie: *pauvre science*, dit-il, *tu ne peux rien pour moi*. Ce furent les dernières paroles intelligibles sorties de sa bouche.

Son médecin, ses parents fondaient en larmes..

Il entra dans une douloureuse agonie qui dura deux heures, et le pauvre enfant rendit l'âme.

Le pauvre enfant! J'ai écrit ce mot, la nature me l'a dicté, mais je n'aurais dû parler que le langage de la foi, je devais dire: *l'heureux enfant*! Les secrets des jugements de Dieu sont impénétrables, il est vrai; mais l'espérance est là, et je parle au nom d'une bien chère espérance.

Un nom illustre s'est trouvé uni à ce modeste récit; une liaison pieuse s'était formée par la pensée entre Arsène Sallandre et un jeune homme depuis longtemps ravi à la terre et dont il voulait suivre l'exemple:

N'est-ce point justice d'associer ces aimables enfants par un même éloge, comme je l'espère, Dieu les a associés par une même couronne. Cet éloge ne tombera point de ma plume; il m'est bien plus doux de louer

Arsène par des paroles sorties du cœur du saint maître du jeune duc de Sully. Vivant il les a prononcées sur son enfant; ne puis-je pas dire qu'il me les donne à ce moment du haut du ciel, pour que je les prononce à mon tour sur mon enfant?

« Un véritable fils, par mes sentiments et les siens,
« vient de m'être enlevé... Une seule consolation me
« reste; ce sont les sentiments si religieux et les actes
« de vertu dont j'ai été le témoin. La grâce divine qui
« l'animait, s'est manifestée sensiblement en lui,
« surtout dans sa longue et douloureuse maladie. Il a
« vu le danger et l'a vu avec le courage du chrétien et
« le calme que donne l'onction de la grâce. Ah! qu'une
« si belle mort fait envie, et que c'est l'acheter bon
« marché que de l'acheter au prix de toutes les priva-
« tions que la religion impose. Qu'elle est sainte,
« qu'elle est grande, qu'elle est consolante, qu'elle
« est divine, cette religion; quand on la voit changer
« en douceur ce qu'il y a de plus amer; et élever
« ainsi l'âme à ce qu'il y a de plus sublime, quand
« tout conspire à l'abattre...»

« Nous avons, je l'espère, un élu, un prédestiné,
« un ange dans le ciel; mais nous pleurons sur la terre;
« Dieu nous a frappés ici bas, pour couronner dans
« les cieux, une vie que sa grâce avait rendue pleine
« par le mérite d'une charité bien sincère..... »

Jeunes gens, chers élèves de Saint-Charles, vous surtout qui avez connu et aimé Arsène Sallandre, conservez en vos cœurs quelque chose du souvenir d'une telle mort. Priez pour lui et pensez à vous. Vous espérez la vie ; examinez vos rangs déjà si nombreux, et voyez si plusieurs places restées vides ne sont pas pour vous une sévère leçon. Vous le savez comme moi, nous n'avons pas perdu qu'un enfant jusqu'alors. Vous avez plus d'un frère absent pour jamais. Il est d'autres noms sur lesquels j'aurais pu répandre des larmes et des louanges. Et maintenant, vous, nos anciens élèves déjà dispersés par le monde, ou vous, qui êtes encore sous nos yeux, vous le pensez bien, chaque année grossira la liste fatale des noms qui n'appartiennent plus à la terre. O mes enfants, quelque soit votre âge, combattez, persévérez ; ah, ne soyez pas la proie de l'ennemi !

Il me le semble, nous avons maintenant deux familles : l'une, petit troupeau d'élite est au ciel, déjà, je l'espère ; l'autre si nombreuse suit sa route dans la vie. Oh tous ne quittez la terre que pour le ciel ! Ne quittez notre famille militante, que pour augmenter les rangs de notre famille qui est déjà dans la gloire. Enfants de Saint-Charles ici-bas, puissiez vous être tous les enfans de Saint-Charles dans les cieux. Que cette gloire soit réservée à celui qui nous protège, de nous réunir, tous un jour près de lui, et de nous montrer avec allégresse et triomphe à l'éternel dominateur de toutes choses, en lui disant aussi : *ô père, de tous ceux que vous m'avez donnés, je n'ai perdu qui que ce fût.*

Et maintenant près de l'humble église de Colligis,

la dépouille mortelle de votre ami se consume attendant la résurection. Mais ses restes si chers semblent appartenir eux-mêmes tout spécialement à Marie : car tandis que sa pieuse famille voulait qu'à Saint-Charles la plus solennelle bénédiction de l'église, vous rappelât désormais la mémoire d'Arsène et réclamât pour lui une prière ; sur sa tombe, à Colligis, elle élevait une chapelle à la reine des anges. Que dans cette enceinte il repose en paix, tandis que nous intercédons pour lui, s'il en est besoin !

Si parfois il vous arrive de vous agenouiller sur sa tombe, elle vous dira plus éloquemment que toutes mes paroles, en empruntant le langage de nos livres saints que : « la vieillesse ne s'estime point par le nombre des « années, mais par une vie sans tache ; que cet enfant « privilégié était aimé de Dieu qui l'a retiré du monde, « de crainte que la malice ne changeât son cœur ou « que l'illusion ne trompât son âme. »

Raptus est ne malitia mutaret intellectum ejus, aut ne fictio deciperet animam illius.

Sap. 4. 11.

Chauny. — Imprimerie B. Guillaume.